神秘的古文明

我的第一套 人类简史
（精选版）

王大庆 ◎ 编著
［土耳其］埃斯·泽伯 ◎ 绘

明天出版社·济南

图书在版编目（CIP）数据

神秘的古文明/王大庆编著；（土）埃斯·泽伯绘．—济南：明天出版社，2022.3
（我的第一套人类简史：精选版）
ISBN 978-7-5708-1269-1

Ⅰ.①神… Ⅱ.①王… ②埃… Ⅲ.①世界史-文化史-儿童读物 Ⅳ.① K103-49

中国版本图书馆CIP数据核字(2021)第225669号

WO DE DI-YI TAO RENLEI JIANSHI JINGXUAN BAN
我的第一套人类简史（精选版）
SHENMI DE GU WENMING
神秘的古文明

王大庆／编著　　［土耳其］埃斯·泽伯／绘

出版人／傅大伟
选题策划／冷寒风
责任编辑／丁淑文
特约编辑／李春蕾
项目统筹／李春蕾
版式统筹／吴金周
封面设计／何　琳
出版发行／山东出版传媒股份有限公司
　　　　　明天出版社
地址／山东省济南市市中区万寿路19号

http://www.sdpress.com.cn　　http://www.tomorrowpub.com
经销／新华书店　　印刷／鸿博睿特（天津）印刷科技有限公司
版次／2022年3月第1版　　印次／2022年3月第1次印刷
规格／720毫米×787毫米 12开 4印张
ISBN 978-7-5708-1269-1　　定价／18.00元

版权所有，侵权必究
本书若有质量问题，请与本社联系调换。电话：010-82021443

目录

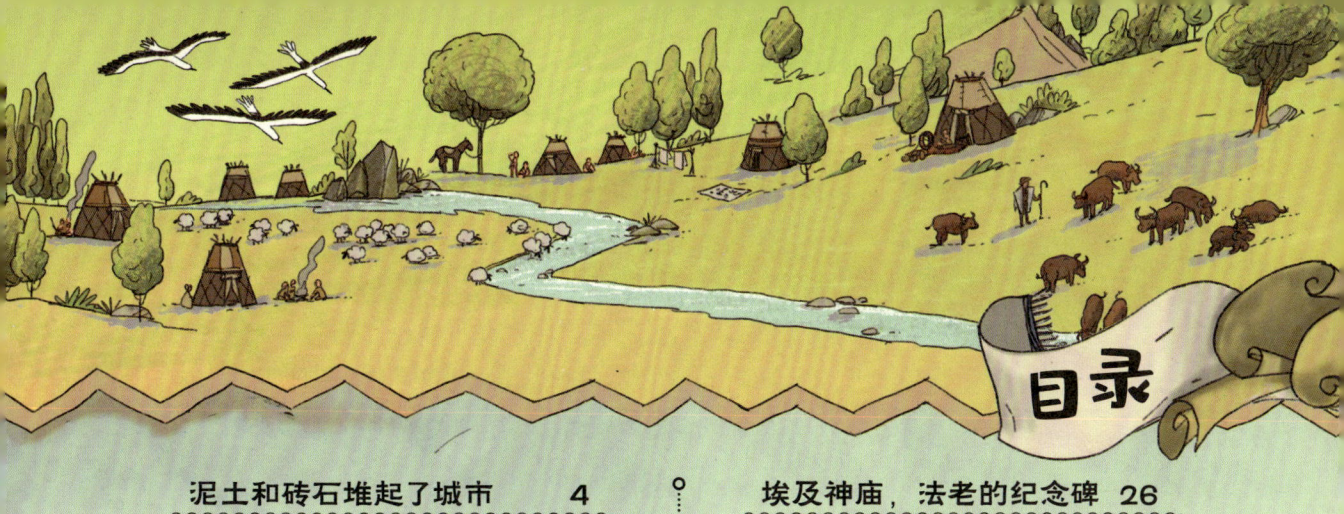

泥土和砖石堆起了城市	4
头领变身统治者	6
谁更强,谁就能称王	8
古巴比伦的兴起	10
上下埃及统一啦	12
古埃及的神	14
古印度人	16
3000年前的中国	18
马背上的游牧民	20
他们这样过节	22
古埃及由弱变强	24
埃及神庙,法老的纪念碑	26
不简单的"离家出走"	28
海边兴起的古希腊	30
古希腊城邦	32
讲一讲希腊神话	36
来自海上的神秘敌人	38
亚述帝国的扩张	40
崛起的新巴比伦	42
四处征战的波斯帝国	44
了不起的文字	46
世界大事年表	48

泥土和砖石堆起了城市

在公元前第5千纪，有一群人发现了一片肥沃的土地——美索不达米亚平原。他们在这里建起村庄，开始定居。经过数代人的努力，村庄越来越大，最终演变出了早期的城市。

美索不达米亚平原上有两条河，分别是底格里斯河和幼发拉底河。因而，美索不达米亚平原又被称为"两河流域"。

这群人就是苏美尔人，他们是最早定居在美索不达米亚平原的人。他们在这片土地上建立了最早的城邦国家，被称为苏美尔早王朝。

苏美尔文明是世界上最早产生的文明之一。他们不仅发展了相对先进的农耕技术，还创造了文字。

苏美尔人建立的城邦主要有乌鲁克、乌尔等。城邦一般由中心城市连同周围的农村组成，面积不大，居民有几万人到十几万人不等。

历史知多少

生活在不同时代、不同地域的人都能创造自己的文化，却不一定同时进入文明阶段，文明程度也不一样。

乌尔，世界上最古老的城市之一。它的宏伟壮丽显示着苏美尔的兴盛。城市中心矗立着一座塔庙，它是人们为供奉月神南那而建，因此又叫"南那塔庙"。苏美尔人很早就开始建造塔庙供奉神明，后来，统治者们将塔庙和国家融合成一个不可分割的系统，塔庙成了城市的重要组成部分。

塔庙的外形就像一座分层的金字塔，底部是台基。整座塔庙建筑在沥青之上，可见苏美尔人已经能使用沥青来防止水对建筑物的腐蚀啦。

我们还能在建筑中加入拱廊、拱形圆顶等建筑形式。

像这样快速转动轮子，就能做出一只漂亮的罐子。

早在约公元前3500年，陶工已经可以用轮子进行机械化制陶。

苏美尔人不仅建起了城墙和神庙，他们在制造并使用工具方面也有了飞速的进步，青铜器和轮子等的出现改变了人们的生活。

美索不达米亚平原一带是最早进入青铜时代的地区之一。

头领变身统治者

那些开垦出土地的人们又发明了许多新鲜东西。苏美尔人凭借相对先进的灌溉技术"养肥"了田地，获得了充足的食物，让更多的人能够生存下来。

由于生产力的发展，人类从原始社会过渡到了奴隶社会，出现了更明确的等级划分。统治者借神或上天之名获得民众的敬畏，以此巩固自己的地位和统治，人们称此为神权统治。

我是神的化身，你们要听从我的话，否则厄运将会降临在你们身上。

如苏美尔、古埃及等地产生的早期国家，基本都是奴隶制国家。

动作快点儿！别想偷懒。

古埃及的统治者也自称为"太阳神之子"。

中国古代的统治者认为自己"受命于天"。

苏美尔人用削尖的芦苇或树枝在没有晾干的黏土板上写下了著名的楔形文字。

把我的食物还给我！

平民遇到不公时可以捍卫自己的权利，而奴隶则没有自由和权利。

在奴隶社会中，与统治阶级相对立的是地位低下的奴隶。奴隶是重要的劳动力之一，但他们也是统治阶级残酷剥削的对象。

这个时期，还有一群被统治者授予特权的人，他们能借助几个点、几条线就把口头上的语言转化成能流传后世的文字。农耕知识、传说故事等会被他们记录下来。孩子们能在类似学校的地方学习这些文字并掌握知识。

谁更强，谁就能称王

生产力的发展让一些人的双手从苦役中解脱出来，他们的烦恼由"如何填饱肚子"逐渐变为"如何获取更多财富"。

贫穷的城邦想变得富有，富有的城邦则想变得更加强大。有些国家的统治者选择通过掠夺别国实现"强国梦想"，战争频繁爆发。

这一时期，世界上第一支常备军诞生了。这支军队是阿卡德王国的国王萨尔贡的近卫军。

一般来说，谁在战争中享有优势——拥有英明的领导人、强大的军队、充足的粮食和武器等，谁就能取得最终的胜利。胜利者将得到更多的土地和财富，建起更强大的国家。而失败者会失去家园，或逃亡异乡，或沦为奴隶。

萨尔贡是位有远见的领袖，他凭借武力与智慧，建立了阿卡德王国，成了两河流域的霸主。

就像萨尔贡征服别人一样，在他逝世后，别人也发起战争，打败了他的子孙，征服了他建立的王国。

曾经兴盛的苏美尔王朝在战争中消亡，但是苏美尔人创造的文化仍影响着后世。接下来，两河流域将迎来新的时代。

古巴比伦的兴起

纷飞战火中，古老的苏美尔人退出了历史的舞台。一群阿摩利人在苏美尔人曾经统治的地区，建立起多个以城市为中心的国家。两河流域仍是国家林立，战争继续在国家间爆发，直到古巴比伦王国诞生。

阿摩利人中的一个分支占领了巴比伦城并以它为首都建立古巴比伦王国，称巴比伦第一王朝。

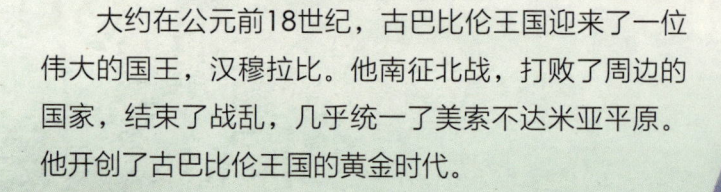

大约在公元前18世纪，古巴比伦王国迎来了一位伟大的国王，汉穆拉比。他南征北战，打败了周边的国家，结束了战乱，几乎统一了美索不达米亚平原。他开创了古巴比伦王国的黄金时代。

"巴比伦"在阿卡德语中的意思是"神之门"。汉穆拉比统一两河流域后，以巴比伦城为国都。

据说，在古巴比伦，如果有人生病了，人们会把病人抬到市集上，让所有人出谋划策救治病人。

在古巴比伦时期，巴比伦城成为新的政治、经济、文化中心。这时期，科学技术也得到了进一步的发展，古巴比伦人在数学、医学等领域取得了重要成就。

古巴比伦人已开始观测并记录下日食、月食等天文现象的发生时间和地点，探索天象变化规律。

古巴比伦时期已有天文台。

《汉穆拉比法典》被刻在大石头上，法典中最著名的是"以牙还牙，以眼还眼"的规定。

古巴比伦人仅凭借肉眼观察夜空，并用数学进行计算，发现了许多自然规律。除此之外，古巴比伦还制定了世界上最早的成文法典——《汉穆拉比法典》。

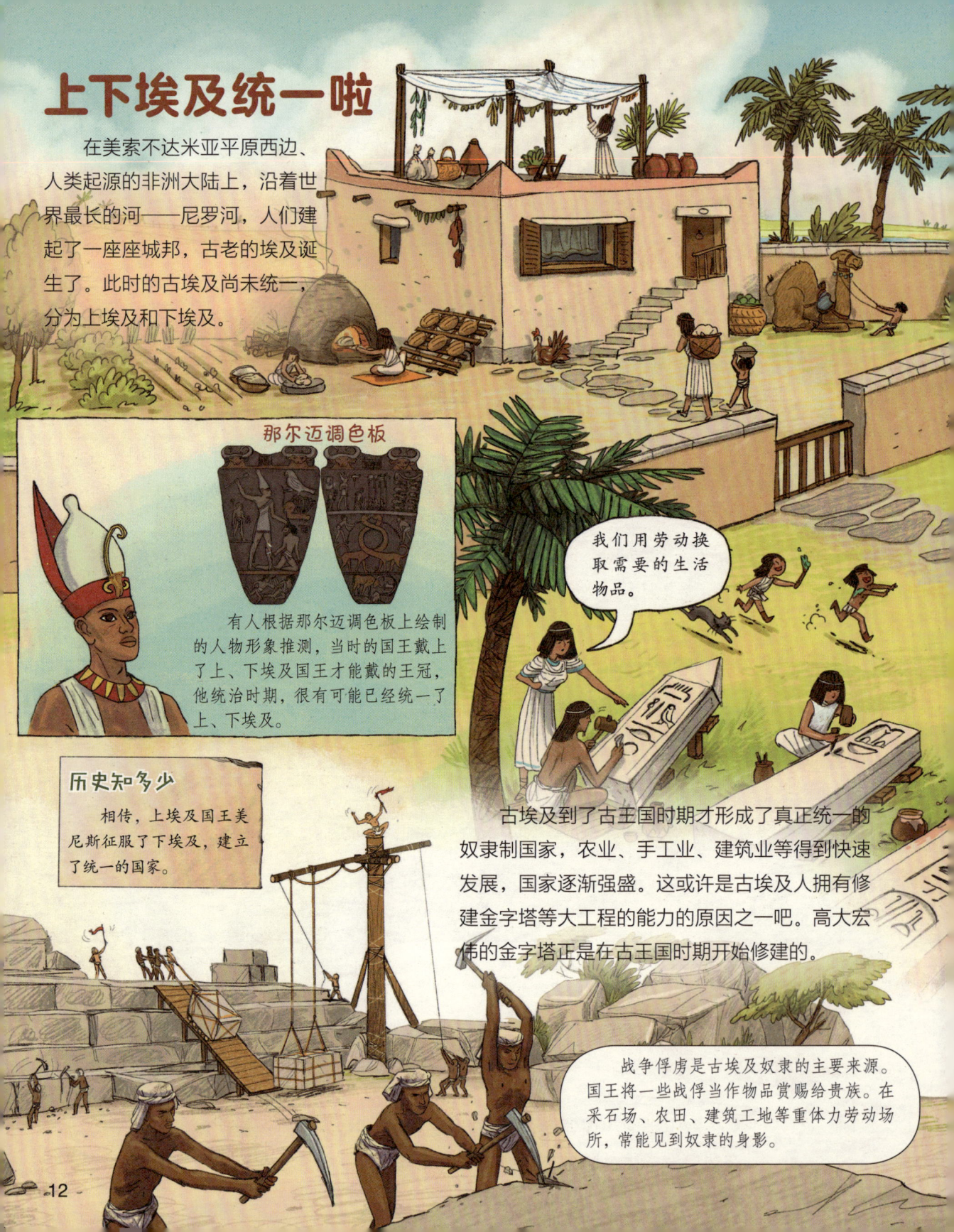

上下埃及统一啦

在美索不达米亚平原西边、人类起源的非洲大陆上，沿着世界最长的河——尼罗河，人们建起了一座座城邦，古老的埃及诞生了。此时的古埃及尚未统一，分为上埃及和下埃及。

那尔迈调色板

有人根据那尔迈调色板上绘制的人物形象推测，当时的国王戴上了上、下埃及国王才能戴的王冠，他统治时期，很有可能已经统一了上、下埃及。

历史知多少

相传，上埃及国王美尼斯征服了下埃及，建立了统一的国家。

我们用劳动换取需要的生活物品。

古埃及到了古王国时期才形成了真正统一的奴隶制国家，农业、手工业、建筑业等得到快速发展，国家逐渐强盛。这或许是古埃及人拥有修建金字塔等大工程的能力的原因之一吧。高大宏伟的金字塔正是在古王国时期开始修建的。

战争俘虏是古埃及奴隶的主要来源。国王将一些战俘当作物品赏赐给贵族。在采石场、农田、建筑工地等重体力劳动场所，常能见到奴隶的身影。

古埃及出现了帆船，船运得到了发展。

据说古埃及人用小麦制作了世界上最早的面包。他们还将额外的粮食送到周边国家，换取更多的物品。

不管刮风下雨，都要劳动。

古王国时期和中王国时期的古埃及十分繁荣。古埃及在建筑、文学、科技和教育等方面有了巨大的成就。古埃及人建造的神庙柱式，甚至影响到后来的希腊和其他西方国家的建筑风格。

历史知多少

无论是修造工程浩大的金字塔还是雕刻方尖碑，人们使用较多的工具由青铜铸造。青铜比铁软，不耐磨，所以修造大工程时工具耗损很大，修筑工期也很漫长。

古埃及的神

古埃及人认为世界和秩序是神创造的，人为维持这个秩序而付出努力，就是对神最好的报答。

古埃及的金字塔是国王的陵墓，是他们为维护其来世的统治地位而建造的地下世界的"永恒之官"。

有些专家认为，古埃及人用筑沙坡的方式搬运石块，这些石块，每一块都需要十几人才能拖动。

进入古王国时代后，古埃及各地大规模地建造金字塔。

负责检查工程情况的官员用纸草制作的纸记录信息。用这种纸记录信息很方便。

据说古埃及人能利用河水搬运巨大石块。

古埃及人能用一种名为纸草的植物造纸。

碰到无法解释的自然现象时，古埃及人也会将其视为神的魔力。就像每年都会涨落的尼罗河水，使古埃及人拥有了肥沃的土地，在人们弄明白河水涨落的秘密之前，只能认为这是河神的神力。

泛滥季

长出五谷季

据说，古埃及人根据尼罗河水的涨落情况，将一年分成三个季节：泛滥季、长出五谷季和收割季。每一季是四个月。

历史知多少

古埃及人不论男女，大都爱化妆。据说是因为他们相信，保持精致的妆容和整洁的服饰是对神的尊敬。

14

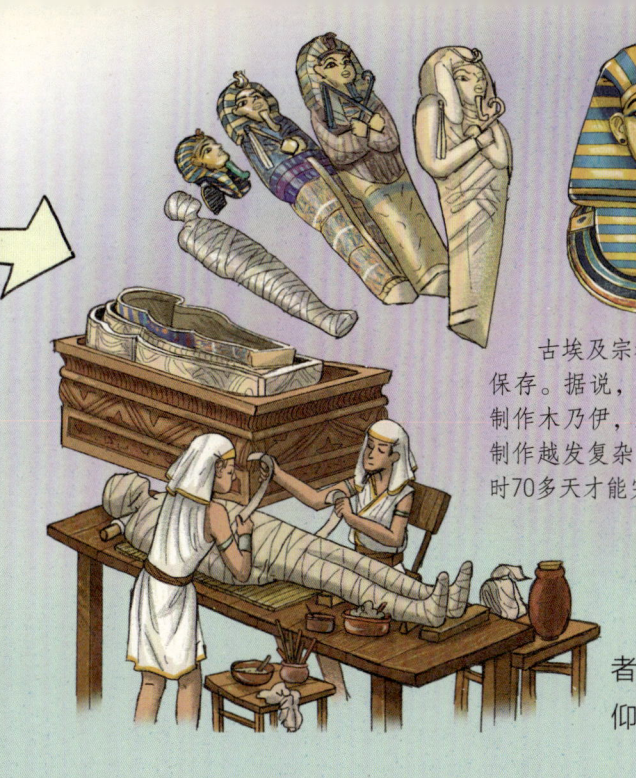

古埃及宗教习俗极重视遗体保存。据说，在第2王朝即开始制作木乃伊，到后期，木乃伊的制作越发复杂，通常需要多人历时70多天才能完成。

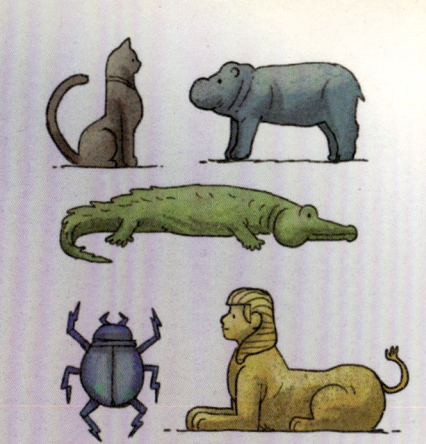

据说，古埃及人对各种动物也满怀崇拜之情。猫、河马、鳄鱼、圣甲虫、狮子等都有特殊的意义。

对古埃及人来说，来生极其重要，因此守卫亡者的神在很早以前就为人所崇拜。但是古埃及人信仰的神不止一位。

在古埃及的神话传说中，创世之初，世界上只有一片混沌、黑暗、深不可测的水。直到有一天，水面上升起了一座岛屿，岛上出现了太阳之神——拉。拉通过"呼唤"创造出人和世间万物。下面是古埃及神话传说中几位主要的神。

拉神化身为法老统治古埃及。

拉神先创造了空气神舒，然后又召唤出湿气神泰芙努特。

舒　泰芙努特

努特和盖伯的长子、长女分别是奥西里斯和伊西斯。

奥西里斯　伊西斯

努特　盖伯

紧接着，舒和泰芙努特又生育了地神盖伯和天神努特。

努特和盖伯的次子、次女分别是赛特和涅芙狄斯。

赛特　涅芙狄斯

15

古印度人

在广袤的亚洲大陆上,在高耸入云的喜马拉雅山脉的一侧,古印度人在印度河和恒河流域定居,萌生了早期的古印度文明。

古城哈拉帕由卫城和居民区组成,它是古印度最为主要的城市之一。

后来,雅利安人入侵了这片土地,早期的古印度文明消亡,新的文明开始。

在雅利安人的统治下,古印度逐渐形成了种姓制度。地位最高的是婆罗门,他们包揽宗教事务,担任祭司等神职。

其次是刹帝利,他们是掌握军政大权的武士阶级。吠舍是平民,从事农业、畜牧业和商业等。地位最低的是首陀罗,他们是被压迫和奴役的群体。

据说在古代印度,如果在城里看到一个戴着铃铛,走路小心翼翼,生怕自己的影子会碰到别人的人,这个人一般是地位极低的人。如果高等级的人碰到了这个人的影子,他会到恒河水里去沐浴,洗净"罪恶"。

历史知多少
古印度人视恒河为"圣河",他们相信恒河水能洗去罪恶、污秽,使人获得健康的身体。

16

古印度人拥有自己的文字。在雅利安人统治印度后，人们开始使用字母系统的文字，其记述的语言主要为雅利安语的梵语和俗语。他们的文字主要保存在印章上。

印章的用法

直接压印在黏土上，像盖邮戳一样。

圆筒形印章在长条的黏土上滚动，留下长长的印痕。

据说，古印度人与两河流域、古埃及等地已有商贸往来，并且用印章"签署"货物。

古印度的佛陀更为人们所熟知。佛陀在古印度诞生，他本名叫悉达多，是一位出身高贵的王子。不过后人更喜欢尊称他为"释迦牟尼"。

相传，悉达多王子目睹了人们饱受辛劳和病痛的折磨，他悲伤又焦虑，想要帮助人们摆脱这些痛苦。他毅然决然地放弃了安逸的生活，像苦行僧一样开始修行，希望能顿悟真理，解救那些深受苦难的人。

据说，在王子苦修的时候，大象和猴子给他送过食物。

王子苦修六年后，在菩提树下顿悟成佛。

成佛后的王子开始传教，帮助人们摆脱痛苦。

3000 年前的中国

东方的土地上，诞生了灿烂的中华文明。这里不仅是丝绸的故乡，也是亚洲最早种植水稻的国家之一。

在中国古代传说中，大禹将天下分为九州，并铸九鼎。到了西周时期，鼎是重要的礼器。

距今3000多年前，居住在黄河边的中国人曾建造宫殿。这些宫殿有院落、有围墙，看上去十分庄严。

历史知多少

相传大禹曾让人在门口设了钟、鼓、磬（qìng）、铎（duó）、鼗（táo）五种乐器，欢迎民众向他进谏。

商周时代，人们逐渐认识到玉、玛瑙和水晶的价值，不仅在制作工艺上有所提高，很多玉石制品也被赋予了特别的含义。

商朝时，中国已经有了比较成熟的礼制。人们开始铸造青铜礼器、酒器，并严格规定使用者的身份。

龙在中国古代曾是一种图腾，王权是其象征意义之一。

纸还没"诞生"时，中国人已创造出了自己的文字。文字不仅是记录和传达语言的书写符号，更是一种穿越时间和空间的工具。几千年后的人解读出那些刻在青铜器、陶器甚至龟甲兽骨上的文字，就可以知道祖先们曾经过着怎样的生活。

甲骨文是中国已发现的古代文字中最早、体系较为完整的文字。

中国是亚洲栽培水稻的起源地之一。据说，是神农氏带领百姓开垦稻田，并将种植水稻的方法教给百姓，使人们的食物更加多样。

中国也是最早用桑蚕丝织造丝绸的国家。

商朝时，人们已经能吃上禾、黍（shǔ）、稻、麦等农作物，园艺和蚕桑业也有发展。

① 人们饲养蚕蛾幼虫获得蚕茧。

② 由单个蚕茧抽得的丝条称为"茧丝"。

③ 缫丝时，会把多个蚕茧的茧丝抽出，借丝胶黏合成丝条，制得蚕丝。

④ 蚕丝主要用于织制各种丝织物。用得最多的是桑蚕丝，其次是柞（zuò）蚕丝。

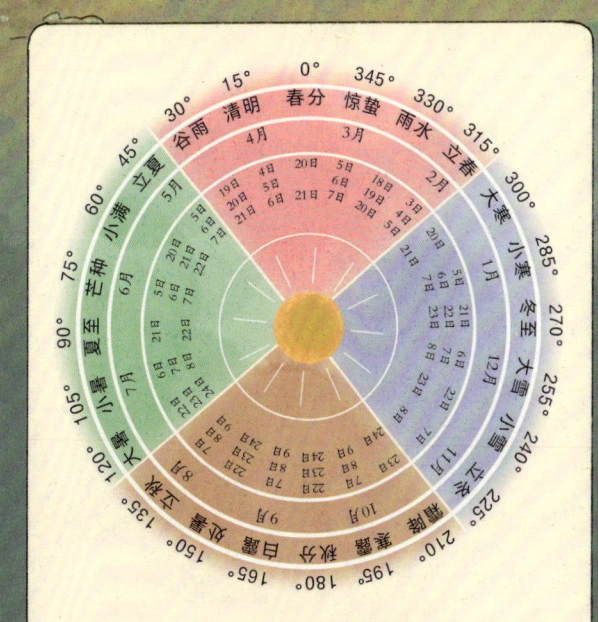

二十四节气是中国古代的独特创造，几千年来成为中国各地农事活动的主要依据。

马背上的游牧民

并不是所有人都选择农耕生活，还有一部分人过着游牧生活，他们被称为游牧民。随季节变化，游牧民带着畜群追逐水草不断地迁徙。

撒哈拉沙漠曾是一片河流遍布的地方，后来这里开始变得干燥，最终成了广袤的大沙漠。在沙漠周边生活着许多游牧民。

看，他们又找到了新的绿洲和水源，建起了新的家园。

游牧的生活并不像想象中那样轻松自在。夏季的大旱，寒冬的大雪和寒流，或者其他自然灾害，都深深影响着游牧民的生活。不过，他们总能想到办法应对不断变化的自然环境。

游牧民的家是一个个大帐篷。这些帐篷便于拆装搬运，方便他们随时搬家。

有人提出，游牧民并非毫无目的地流浪，他们会配合季节变化，群体搬迁。制造便于移动的马车、牛车、帐篷是游牧民不可或缺的"技能"。

为了放养家畜，游牧民驯服了马，逐渐掌握了骑马、射箭等技术。

游牧民用上了马车、牛车，可以从远方带回更多生活必需品。

不断改良的帐篷，也是游牧民智慧的体现。

游牧民主要分布在欧亚大陆的北部和中亚、东亚的干燥地带。

原始社会时期就逐渐形成了专门驯养动物的游牧部落。

之后发生了第一次社会大分工，畜牧业和农业分离了，形成了由农耕为主和由游牧为主的两种生活模式。

游牧部落也不是完全不耕种田地。只是相比农耕民来说，他们的耕地少，耕种技术不发达。

游牧民也不是永远都过着游牧的生活，他们也会因各种原因转入农耕生活。

农耕民族的思想、文明随着商贸往来，进入了游牧民的世界；游牧民的牲畜、皮革以及战马、战车等也传入农耕民族的世界。两种不同的生活方式也难免使双方产生矛盾，古埃及、两河流域、古代中国以及古代欧洲也不时地受到游牧民的侵扰。

他们这样过节

相传在古埃及,人们已经为纪念生命中的重要时刻而设定节日进行庆祝。节日凝聚起众人,成为人们辛苦劳作后的调剂。人们开始追求舒适、幸福的生活。

闻风节是古埃及最为古老的节日之一,它被设定在4月份,又叫"春节"。人们在闻风节这一天,总要吃鸡蛋、鱼和生菜等。

不吃鸡蛋,眼睛就会突出来。

据说,古埃及人认为,宇宙呈蛋形,后来分成两半,才有了天和地。于是,鸡蛋被看成是生命的象征和起源。

古埃及人认为河里、湖里出现游鱼,是个好兆头。

相传,古埃及人认为生菜是春天的象征,吃生菜能强身健体。

未来世界的小朋友,你们也这样过节吗?

古埃及人喜欢斗牛、摔跤和拳击等。

当心河马和鳄鱼!

富人会设宴款待亲朋好友。在宴会上，富人们尽情享用着侍女捧上的菜肴、美酒和水果。

古埃及人在屋子外面烹饪食物，以防止房子着火。

相传节日当天，不少人会前往金字塔朝拜。据说，当阳光落到金字塔尖处时，是太阳神正在塔上俯视大地与臣民。当阳光离开金字塔后，则表示太阳神离开了，活动也就结束了。

古埃及很早就有了啤酒，且酿酒业十分发达。啤酒的酿造技术由埃及通过希腊传到了欧洲。

古埃及由弱变强

美索不达米亚平原上的城邦纷争不断，一些人不得不向非洲沙漠地区迁移。这些人来到古埃及，变成了入侵者。

入侵者联合起来组成了强大的军队，他们在武力上似乎更胜一筹，很快打败了古埃及军队。

喜克索人统治了古埃及的部分地区，他们掌控了依附于他们的古埃及城镇领主，开启了古埃及历史上由外来者统治的第15、16王朝。

喜克索人以武力奴役古埃及人，向他们征收贡赋，但同时也给古埃及带来养马和使用马车等新的技术。

喜克索人简化了古埃及的文字。

据说，古埃及人不仅学会了养马和使用马车等新技术，他们的弓箭和其他武器装备也得到了提升。

阿赫摩斯一世与他的哥哥是发起反抗的领导者。他们联合古埃及各部落起来反抗，连连挫败喜克索人的军队，重振了士气。

喜克索人最终被能征善战的阿赫摩斯一世逐出埃及。在赶走外来者后，古埃及第18王朝来临，这标志着古埃及历史上繁荣的新王国时代开始了。

历史知多少

相传第17王朝的法老修建了最后一座金字塔，自他之后的法老不再耗费巨大的人力物力修建金字塔，为"金字塔时代"画上了句号。

击退了外敌的古埃及，有了走出去看看世界的念头。

据说，在古埃及第18王朝时期，古埃及人已通过海运与邻国通商。

在新王国时代，古埃及逐渐变得强大，开始频繁发动大规模的对外侵略战争。他们通过战争掠夺了大量的财富和奴隶，成为一方霸主。

埃及神庙，法老的纪念碑

新王国时代，统治者停止了金字塔的修建，转而把主要精力放在修建神庙和岩窟墓上。

古埃及神庙建筑基本上分为祭神和祭王两类。其结构大致可分为露天庭院、多柱厅和圣所三大部分。

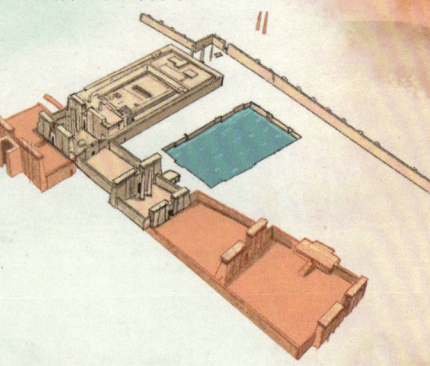

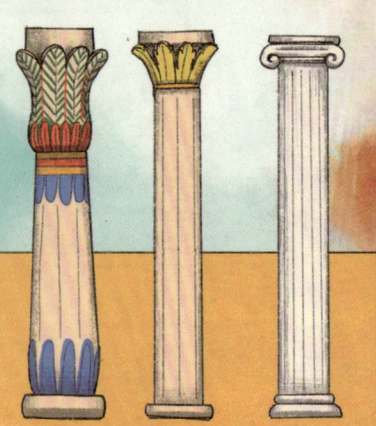

彩色的莲花柱是古埃及的特色，据说它曾影响了古希腊、古罗马柱式。

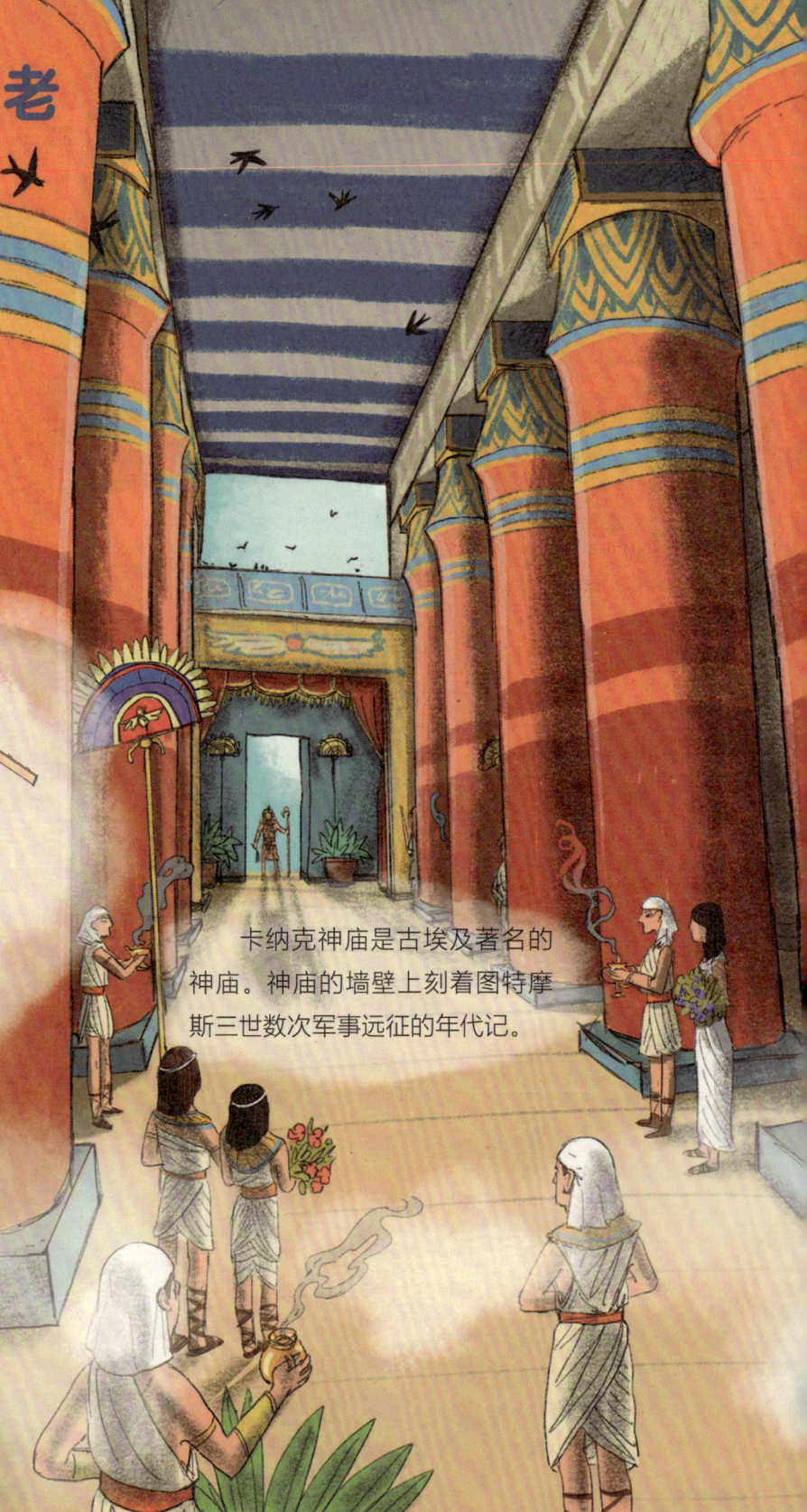

卡纳克神庙是古埃及著名的神庙。神庙的墙壁上刻着图特摩斯三世数次军事远征的年代记。

图特摩斯三世是第18王朝一位战功赫赫的法老。他在多次对外战争中获胜，把领土扩张到两河流域附近，其在位期间古埃及国力强盛，迫使邻国向古埃及纳贡，为古埃及带来了很多新事物。

据说，用壁画记载下来的是图特摩斯三世领导的第一场战争。

醉心于版图扩张的图特摩斯三世还喜欢收藏各种珍宝作为战利品，他甚至命人将这些珍禽异兽、奇花异草等雕刻在墙壁或纪念碑上。睡莲、仙人掌等植物图腾在埃及流行开来。

历史知多少

能与图特摩斯三世比肩的，当数第19王朝的法老拉美西斯二世。这位法老不仅喜好征战，也非常喜欢修建神庙宣扬自己的功绩。他在位期间修建的阿布·辛拜勒神庙以宏伟著称。

不简单的"离家出走"

希伯来人曾是游牧民，他们也渴望拥有肥沃的土地，过安宁、幸福的生活，前13世纪末由游牧转向定居。据说希伯来人曾为了逃避饥荒而迁到埃及，却被埃及人打败，成了埃及人的奴隶，他们非常渴望回到故乡，埃及法老却不放行，直到一个叫摩西的人出现。

传说中，摩西与埃及法老拉美西斯二世情同手足。他向法老请求释放希伯来人，希伯来人才得到解救并在摩西的带领下重返故乡。

> 如果不放他们离开，上天会降下灾难，惩罚埃及人。

> 据说起初法老不同意，直到埃及接连爆发了蝗灾、青蛙灾、虱子灾、苍蝇灾、冰雹等灾祸后，法老才答应放走这些奴隶。

据说离开埃及的希伯来人在沙漠中度过了很多年，才来到了他们祖先生活的故土，并建立了众多部落和小城邦。前1200年左右，希伯来人敬仰士师，开始了士师时代。

> 传说，一位叫参孙的士师拥有神力，能徒手与狮子搏斗。他的头发是他力大无穷的源泉，如果剪掉他的头发，他就会失去神力。

后来，希伯来人的部落和城邦联合成为"以色列-犹太王国"，国王就是赫赫有名的大卫王。

到了大卫王的儿子——所罗门王统治时，王国进入鼎盛时期。所罗门王威名远扬，据说许多国家都派使者前来签订友好条约。在所罗门王统治时期较少爆发大规模战争。

据说所罗门王声称自己得到了神赐予的智慧，编写出了《所罗门智训》。因此人们常用"所罗门的智慧"来称赞一个人拥有非凡的智慧。

所罗门王死后，国家发生了动乱并分裂成了以色列国和犹太国。

> 所罗门王在位期间修建了一座宏伟的圣殿，圣殿中有一对长着巨大翅膀的雕像。

海边兴起的古希腊

在爱琴海边生活着一群善于经商的人,他们受到古埃及和两河流域等古文明的影响,创造了属于自己的文明——古希腊文明。克里特岛上形成的克里特文明是古希腊文明的前驱。

克里特岛上充满了神话色彩,古希腊神话传说中的许多故事都发生在这里。相传岛上的巨大迷宫是为困住牛头人身的米诺陶而建。

古希腊流传着这样一个故事:在一座叫作克里特的岛屿上,住着一个人身牛头的怪物——米诺陶,当地一位天才设计师设计了一座迷宫将它困住,后来这个怪物被英雄忒修斯所杀。

米诺斯人不喜欢建造城墙,因为他们拥有强大的海上军队守护岛屿,阻止外来入侵者。但是他们没法抵御可怕的自然灾害,一次火山爆发使米诺斯人元气大伤。

据说，迈锡尼人的头领是神话中的国王阿伽门农。

繁荣的克里特岛引来了更加强大的入侵者——迈锡尼人。迈锡尼文明是古希腊文明的重要组成部分，其神话和史诗中有许多广为人知的古希腊英雄。

迈锡尼人崇尚武力，他们经常攻击周边国家。在传说中，他们在特洛伊战争中使用了木马计。

迈锡尼人手工业发达，擅长制作精美的陶罐、早期地中海风格的花瓶和玻璃饰品等。这些东西广受欢迎。

据说爱琴海地区适合葡萄和橄榄生长，迈锡尼人已经掌握了葡萄酒和橄榄油的生产工艺。

古希腊城邦

继克里特文明后，迈锡尼文明也逐渐衰落。前8～前6世纪，希腊各地建立了许多城邦，雅典是其中较强大的一个城邦。

古希腊城邦实行奴隶制，即使是崇尚"民主"的雅典人也有着不少奴隶。

听说，在洛里恩银矿工作的国有奴隶就有上万人。

此时的雅典没有国王，他们推举有名望的人作为执政官来管理城邦。城邦里的人们安居乐业，不仅有歌舞升平的酒宴，也有严肃的司法审判。

据说雅典的名字还与一位女神有关。智慧女神雅典娜与海神波塞冬同时看中了这座城市，他们分别给城里的人送礼物，想成为这座城的守护神。最终，雅典娜获得了民众支持，这座城也被命名为雅典。

古希腊神庙大多是为供奉神而建，但它也有其他的作用。据说人们有困惑时，会去神庙征询神意。

据说只有神庙中的祭司才能听见神谕。神谕多由祭司传达。

希腊人常出海殖民。相传每次出海，他们都会先去神庙祈求神谕，人们必须得到神的认可才能扬帆远航。

古希腊神话中，太阳神阿波罗可以宣告主神宙斯的神旨，因此，人们常去阿波罗的神庙祈求神谕。

斯巴达城也是古希腊重要的城邦之一，生活在那里的斯巴达人以武力作为他们的安身立命之本。居于统治地位的斯巴达人拥有大量的奴隶。

斯巴达人专注于军事训练，而农业劳作等体力劳动，大都交由他们的奴隶去做。

贵族男孩从7岁开始，都要住进国家设立的教练所，接受体育锻炼，并学习各种战斗技能。

成年后，坚毅勇敢的男子才有资格进入军团，接受正规的军事训练。

据说斯巴达人认为，战士只有两个选择，要么胜利归来，要么光荣战死。

我们正是靠着武力，才让奴仆慑服于我们。

据说斯巴达妇女虽然可以留在家中，但也要接受军事训练，以便在男子出征时，她们能肩负起保卫家园的责任。

大多数希腊人都很热爱运动。公元前776年，第一届奥林匹克运动会开幕啦。

据说运动场外放置的雕像是人们为冠军制作的。

相传，人们用象征和平的橄榄枝作为冠军的"奖杯"。

历史知多少

相传，古希腊的体育场、露天剧场也是祭祀和敬奉神明的场所。

历史知多少

相传，公元前753年发生了一件大事，那个传说中由母狼抚养长大的罗慕路斯登上了王位，成为第一任古罗马国王。

运动场里，除了举行运动会外，还常见赛跑、角力、掷石饼等竞技活动。能够在赛场上获胜的运动员，可以获得人们的尊重。

讲一讲希腊神话

古希腊人眼里的世界是神的世界。在希腊神话中，诸神有着强大的神力和英雄气概，他们各司其职，维持世界的稳定。

宙斯	赫拉	波塞冬	得墨忒耳	阿芙洛狄忒	雅典娜
奥林匹斯众神的领袖	婚姻之神	海神	谷物女神	爱与美之神	智慧女神

阿瑞斯	阿波罗	阿尔忒弥斯	赫尔墨斯	赫菲斯托斯	狄奥尼索斯
战神	太阳神	狩猎女神	众神的使者	火神与匠神	酒神

悠久的神话传说也是古希腊雕塑艺术的源泉。古希腊人相信神与人具有同样的形体，因此，古希腊神的塑像是参照人的形象来制作的。

荷马是一个擅长讲故事的盲人，相传他整理了民间流传的神话故事，写成史诗《伊利昂纪》和《奥德修纪》。

古希腊人在学习、模仿古埃及雕塑的基础上，改良并发展了自己的雕塑手法和造型理念。

古希腊人常将自己的神话绘制在备受欢迎的陶罐上，出售给邻近的国家。这些富有故事性的绘画，将古希腊神话传播开来。

古希腊的绘画遗存主要是陶瓶画。

古希腊诸神像人一样有着各种性格和脾气，高兴时开怀大笑，做错事时会气恼后悔，他们还不时溜到人间，参与人类的生活。来看看他们有趣的传说吧。

法厄同与太阳马车

法厄同是太阳神赫利奥斯之子。有一天，他向父亲诉苦。太阳神为了安慰儿子，便答应满足他一个心愿。

法厄同提出要驾驶太阳马车。太阳神连连劝阻，儿子却执意如此。太阳神许诺在先，不好违背承诺，只好将马车交给了儿子。

然而，法厄同根本没法驾驭桀骜的天马，还没跑多远就出了事。太阳马车点燃了大地。

宙斯下旨惩罚法厄同，使他丢了性命，赫利奥斯也因此受到惩罚。

人人都想要的金羊毛

金羊毛是科尔基斯国国王的宝物，它来自一只金色的公羊。这只公羊是赫尔墨斯派去护送一对可怜的姐弟逃离迫害的"使者"。后来羊成了天上的星座，留下了金色羊毛，成了人人都想要的宝贝。

英雄伊阿宋来到科尔基斯王国寻找金羊毛，被国王刁难，他驯服了凶猛的野牛、打败了巨龙才拿到金羊毛。

后来，希腊人把金羊毛当作财富、冒险精神和不屈不挠的意志的象征。

点石成金

酒神狄奥尼索斯的老师受到了国王弥达斯的照顾，酒神决定实现弥达斯的一个愿望作为报答。

这位国王竟请求给他一双点金手。即使是看似无理的要求，酒神也应允了，但这却成了弥达斯的噩梦。

被他碰过的食物全都变成了金子，他的亲人也被他变成了金子，最后他只能哀求酒神收回神力。

来自海上的神秘敌人

传说，有一天一群人从海上入侵古埃及，当时的统治者拉美西斯三世迅速集结军队抵御并击退了外敌。在古埃及还未查清敌人身份时，"隔海相望"的古希腊也遭到了外敌入侵，但古希腊就没有古埃及那么好的运气了，他们没能抵挡住入侵者。

虽然古希腊吃了败仗，却弄清了敌人的身份，他们是腓尼基人。

腓尼基人是纵横海上的商人，是海上的"霸主"，他们身着紫色的衣服，因此被称为"腓尼基人"（意为"穿紫衣的人"）。

传说腓尼基人在海边意外发现了一种特殊的贝壳，从贝壳里取出的液体能把衣服染成漂亮的紫色，还不易掉色。华贵的紫色深受腓尼基贵族追捧，一度成为贵族的象征。

腓尼基人发明了字母文字体系，他们使用字母符号来记录交易信息。随着腓尼基人生意圈的扩大，他们也将这种字母传播开来。

那时的腓尼基字母与我们现在看到的字母差别很大，不过它确实是现代字母的"祖先"。

相传，离家远行的腓尼基人在旅途中也用这种简便的文字给家人写信。

传说有位腓尼基公主为躲避迫害，带着财宝与仆人漂洋过海，在突尼斯湾登陆。她向当地的部落首领求借一张牛皮之地栖身，得到应允，于是她便把一张牛皮切成一根根细条，然后把细细的牛皮条连在一起，在紧靠海边的山丘上围起一块土地，建起了城市——迦太基城。

约公元前814年，腓尼基人在北非建立起迦太基城。不过，强大的腓尼基人不得不为另一群凶悍的人服务——这一时期的霸主是生活在两河流域的亚述人。相传，腓尼基人为了向亚述人进贡，不得不扬帆出海，四处寻找财宝，因而古希腊、古埃及便遭了殃。

腓尼基人也是殖民民族之一，他们占据一地后就建立起殖民地，与当地人做生意。

亚述帝国的扩张

亚述人在苏美尔人的影响下,开始使用文字。后来他们不断学习其他民族的文化,慢慢壮大。

早期的亚述人善于经商,又赶上了"科技革命"——公元前10世纪,亚述进入铁器时代,新亚述帝国开始了。

听说腓尼基人每年都要向我们纳贡,是真的吗?

他们不得不这么做,否则我们的军队会狠狠地教训他们。如今的我们不仅收复了失地,还征服了周边不少国家。

听说,军队里装备了巨型投石机呢。

亚述国王萨尔贡二世在位时,正是亚述帝国的鼎盛时期。他热衷于征战,不断对外扩张,同时也乐于宣扬自己的功绩。他命人在亚述的宫殿中雕刻庞大的浮雕,以歌颂自己的功绩。

萨尔贡二世死后,他的儿子和孙子继续对外扩张。其孙埃萨尔哈东曾征服古埃及,成为埃及法老,但统治并没维持多久,古埃及人又反叛了。

据说，亚述的守护神长着人的头、牛的身体。

亚述的国王非常勇猛，据说就连凶猛的狮子都是他的猎物。

亚述的最后一位国王巴尼拔非常喜欢书，他曾派人四处搜集各地的泥板文献，并在首都尼尼微城建了一座巨大的图书馆存放它们。

这座巴尼拔泥板书图书馆里收藏了约2.4万块楔形文字泥板。

崛起的新巴比伦

由于亚述帝国施行暴政，被压迫的人不断地奋起反抗。到了亚述帝国统治后期，就连亚述王手下的将领都反叛了！

巴比伦军官那波帕拉萨反叛亚述，自立为巴比伦王，建立起迦勒底人的国家——新巴比伦王国。

空中花园和巴别塔已经消失在历史长河中，成了传说。因此不少人质疑它们是否真的存在过。

在崛起的新巴比伦王国和米底王国的联合打击下，亚述帝国的首都尼尼微陷落，亚述帝国灭亡，庞大的国土被新巴比伦和米底两国瓜分。

新巴比伦王国到了尼布甲尼撒二世统治时期，已成了雄霸一方的大国。相传，尼布甲尼撒二世大兴土木，下令修建宏伟的"空中花园"和高耸入云的"巴别塔"。

传说，人们想要修建一座能通往天上去的通天塔，上天知道了人们的意图，故意扰乱了人们的口音，让大家相互听不懂彼此说的话，也就没有办法一起修建通天塔；然而强大的新巴比伦真的建起了这样一座高耸的通天塔——巴别塔。

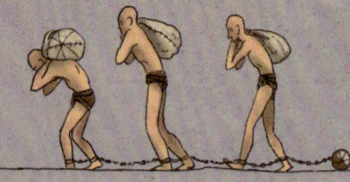

尼布甲尼撒二世统治时期，新巴比伦攻陷了耶路撒冷，并俘虏了大量犹太人。这些战俘大多成了奴隶，离开故乡去异国从事繁重的体力劳动。

有些曾被亚述帝国支配的国家开始复兴。除了新巴比伦王国和米底王国外，吕底亚王国和古埃及都开启了富强之路。

相传吕底亚王国发行的金银合金货币是较早的金属钱币，被许多国家效仿，从而出现了各种各样的币制。

什么样的人是最幸福的人？

第一，有优秀的孩子且能看见孩子长大成人的人。

第二，一生安乐，死后享有荣耀的人。

传说，吕底亚国王曾与古希腊执政官梭伦探讨过什么样的人是最幸福的人。

这时的古埃及已经到了第26王朝，这个王朝通常被称为古埃及的"复兴时代"。在这个时代，古埃及的壁画、文献都得到了修复，法老尼科二世统治时期，还派遣了船队绕航非洲。

通过商贸往来，古希腊的漂亮陶罐和雕塑艺术等传入埃及，而古埃及人也将纸草等东西卖给古希腊等国的人，传播埃及文化。

据说尼科二世认为此时国家已经恢复强大，开始对外扩张。但他遇到了尼布甲尼撒二世，吃了顿败仗。

溜了溜了，对手太厉害了！

四处征战的波斯帝国

还记得与新巴比伦王国联手灭掉亚述的米底王国吗？传说，米底国王被一个噩梦困扰了很久……

历史知多少

居鲁士大王，也被称为"居鲁士大帝"。

相传，米底国王梦见自己的外孙居鲁士会推翻他的统治，他便派大臣去除掉居鲁士。但大臣不忍心伤害这个刚出生的孩子，悄悄放过了他。

躲过一劫的居鲁士在10岁时被米底国王发现。幸而有人进言称居鲁士在游戏里当了国王，已经验证了预言，以后不可能再成为国王，米底国王这才放过了居鲁士。

长大后的居鲁士真如梦中预言的一样，征服了米底王国，进而向外扩张，建立波斯帝国。

居鲁士统治时期，消灭米底王国还只是个"开始"，他四处征战，吕底亚、巴比伦等陆续被其征服。

传说，米底王国灭亡后，富有的吕底亚国王克洛伊索斯赶紧到神庙中请求神谕，得到的指示是：他如果发起战争，有一个国家将会灭亡。

谁能想到，竟然是我的国家灭亡了！

大喜过望的克洛伊索斯组织军队去讨伐波斯。然而，吕底亚军队却铩羽而归，首都也被波斯大军攻下，他成了居鲁士的手下败将。

公元前539年，波斯军队准备包围当时著名的大城市——巴比伦。但他们发现这座横跨幼发拉底河两岸的雄伟城市，实在是太大了。据说居鲁士采用挖水渠围攻的法子，攻破了巴比伦城坚固的防守。新巴比伦国王被俘，曾盛极一时的新巴比伦王国灭亡了。

征服新巴比伦之后，居鲁士释放了犹太人，因而居鲁士得到了宽容的名声。

居鲁士征服新巴比伦后，就在战争中去世。他的儿子冈比西斯二世继承王位并征服了古埃及，使波斯帝国成了第一个横跨欧、亚、非三个大洲的帝国。

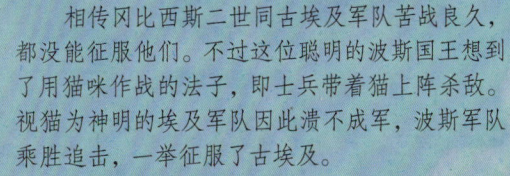

相传冈比西斯二世同古埃及军队苦战良久，都没能征服他们。不过这位聪明的波斯国王想到了用猫咪作战的法子，即士兵带着猫上阵杀敌。视猫为神明的埃及军队因此溃不成军，波斯军队乘胜追击，一举征服了古埃及。

冈比西斯二世征埃及后，在返回途中去世，他的继任者是大名鼎鼎的大流士一世。

大流士时代修建了贯通全国主要地区的交通网络，称为"御道"。

大流士一世统治时期，波斯帝国不仅交通发达，还发行货币，促进贸易，使波斯帝国越来越繁荣。波斯帝国的扩张仍在继续，波斯帝国将遇上另一个强劲的对手——古希腊。欲知后事如何，请读下一册。

了不起的文字

几千年前人类就创造出一种意义非凡的东西——文字。中国人、苏美尔人、古埃及人等都有自己的文字。

> 能读会写真好，就不用干这么多体力活了。

在古埃及只有少数人会使用文字。

有了文字，公职人员能为播种、灌溉和收获等农事撰写说明。

苏美尔人创造的文字，一笔一画好像楔子或钉子，故称为楔形文字。

苏美尔人使用泥板当"记事本"。人们曾在这些泥板书中找到了被专家称为"人类最古老的史歌"的《吉尔伽美什》。

历史知多少

相传，苏美尔人还发明了泥巴做的"文件袋"，用来放置写有信息的泥板。

腓尼基字母先后被古希腊人和古罗马人继承，渐渐形成了拉丁字母。

早期腓尼基字母　　早期希腊字母　　拉丁字母

46

汉字最早被创造出来时，也是一种象形文字。它是当今世界上最古老的文字之一。它延续至今仍被广泛使用。

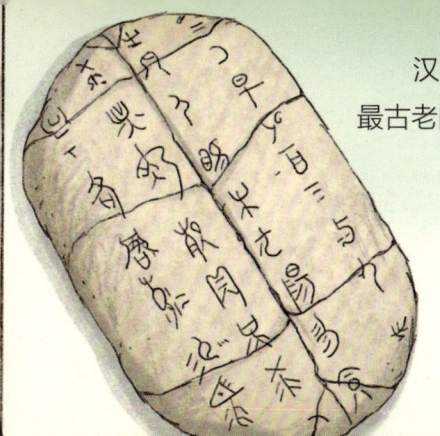

秦始皇
秦始皇

任何文字都不是一成不变的，只是成熟后的文字变化很慢。这一现象从古埃及三个时期的文字就能看出。

圣书体是古埃及使用时间最长的文字，常出现在神庙的墙上和柱子上。

僧侣体相对圣书体更简便，它丢掉了图形的外表，接近草书，主要用于书写经文。

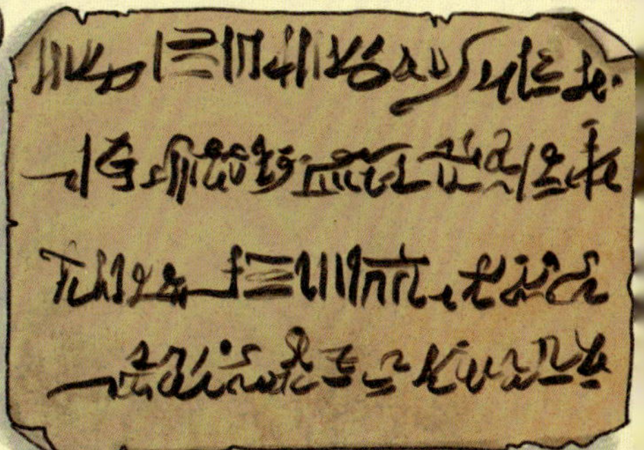

大众体的诞生受到了外来文化的影响，有了字母化的趋势。

如今绝大多数人已习惯从左往右写字，但是很久以前的人书写方式没有统一。在热闹的港口城市乌加里特，使用不同文字和书写方式的人在此汇聚。

有的人喜欢从右往左竖着写字。

据说有人是从外往里绕圈儿写字，这种特别的写字方式来自古代的克里特岛。

无论人们如何书写文字、表现文字，我们都该对文字的诞生心怀感激。正因为诞生了文字，人类的文明才得以传承和发扬光大。

有的人则是从左往右横着写。

世界大事年表

距今7000~6000年

- 外 苏美尔人约在公元前第5千纪到达两河流域,创造了苏美尔文明。
- 中 中国浙江河姆渡文化时期,出现了迄今所知中国最早的织机部件。

公元前31~前22世纪

- 外 上下埃及已统一。该时期包括了埃及的早王国和古王国时代。
- 中 中国传说中的黄帝、尧、舜等五帝时代,该时代奠定了中华五千多年文明的基础。

公元前20~前16世纪

- 外 约公元前1894年~前1595年,两河流域处于古巴比伦第一王朝统治时期,期间诞生了《汉谟拉比法典》。
- 中 约公元前1800~前1500年,中国处于二里头文化时期,这一时期出现了最早的宫殿建筑。

公元前22~前21世纪

- 外 古埃及人继续制作木乃伊。
- 中 中国大禹治水成功。公元前2070年夏朝建立。

约公元前14世纪

- 外 古埃及法老拉美西斯二世于公元前1304年继位,开始他长达67年的统治。
- 中 中国处于商朝时期,商王迁都于殷。文化方面,出现了甲骨文。

公元前8世纪

- 外 西亚出现皮质书籍,被称为羊皮书。
- 中 中国进入春秋时期,普遍实行井田制。

注:公元前31世纪为公元前3099~前3000年,公元前其他世纪照此类推。